мәктәп - a skoro	2
сәяхәт - a koiri	5
транспорт - a transport	8
шәһәр - a foto	10
ландшафт - a landschap	14
ресторан - a restaurant	17
супермаркет - a wenkri	20
эчемлекләр - a dringi	22
азык - a nyan	23
ферма - a burugron	27
йорт - a oso	31
кунак бүлмәсе - a foroisi	33
аш бүлмәсе - a botrali	35
ванна бүлмәсе - a was oso	38
балалар бүлмәсе - a pikin kamra	42
кием - a krosi	44
офис - a kantoro	49
икътисад - a ekonomia	51
профессияләр - den kari	53
кораллар - a wrokosani	56
музыкаль инструментлар - den poku sani	57
зоопарк - a meti dyari	59
спорт төрләре - a sport	62
хәрәкәт - den aktifiteit	63
гаилә - a famiri	67
тән - a skin	68
хастаханә - a ati oso	72
кичектергесез хәл - a nowtu	76
җир - a grontapu	77
сәгать - oloisi	79
атна - a wiki	80
ел - a yari	81
формалар - den form	83
төсләр - kloru	84
капма-каршылыклар - difrenti	85
саннар - den nomru	88
телләр - den tongo	90
кем / нәрсә / ничек - suma / sang / fa	91
кайда - pe	92

Impressum
Verlag: BABADADA GmbH, Nedderfeld 112 , 22529 Hamburg
Geschäftsführer / Verlagsleitung: Harald Hof
Druck: Books on Demand GmbH, In de Tarpen 42, 22848 Norderstedt

Imprint
Publisher: BABADADA GmbH, Nedderfeld 112 , 22529 Hamburg, Germany
Managing Director / Publishing direction: Harald Hof
Print: Books on Demand GmbH, In de Tarpen 42, 22848 Norderstedt

мәктәп
a skoro

бүлү / prati
186/2
такта / a bord
сыйныф бүлмәсе / a klas
мәктәп ишегалдысы / a skoro dyari
укытучы / a leriman
кәгазь / a papira
язу / skrifi
ручка / a pen
язу өстәле / a tafra
линейка / a lati
китап / a buku
укучы / a studenti

букча
a skorotas

пенал
a kisi

каләм
a skriftiki

каләм очлагыч
a srapu

бетергеч
a sisibi

рәсем ясау өчен альбом
a prenki buku

рәсем
a prenki

кисточка
a kwasi

буяулар тартмасы
a ferfidosu

кайчы
a sisei

җилем
a gomma

дәфтәр
a skrifbuku

өйгә эш
a skorowroko

сан
a nomru

кушу
teri

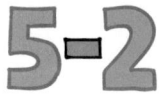

алу
koti

тапкырлау
vermenigvuldig

исәпләү
teri

хәреф
a brifi

алфавит
a alfabet

сүз
a wortu

мәктәп - a skoro

текст
a wortu

уку
lesi

акбур
a kreiti

дәрес
a yuru

сыйныф журналы
a klasbuku

имтихан
a examen

диплом
a skoropapira

мәктәп формасы
a sem skoro krosi

мәгариф
a skoro

энциклопедия
a encyklopedie

университет
a unifersiteit

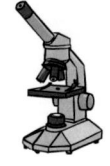
микроскоп
a mikroskoop

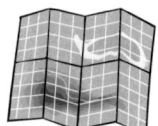
карта
a karta

кәгазь өчен кәрҗин
a doti embre

сәяхәт
a koiri

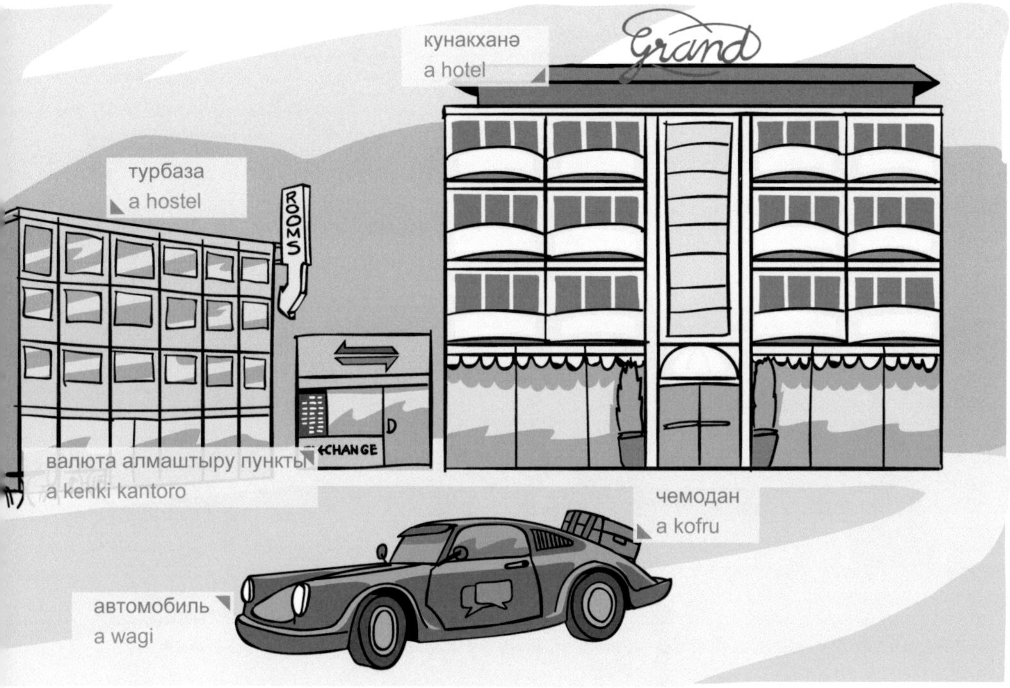

Grand
кунакханә
a hotel
турбаза
a hostel
ROOMS
валюта алмаштыру пункты
a kenki kantoro
CHANGE
чемодан
a kofru
автомобиль
a wagi

тел

a tongo

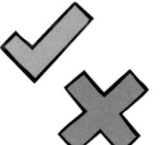

әйе / юк

ai / no

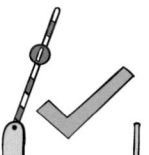

яхшы

afen

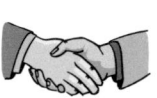

сәлам

Ei!

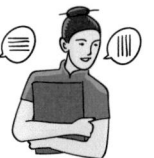

тәрҗемәче

a torku

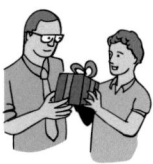

Рәхмәт

Grantangi

Күпме тора…?
O meni…?

Мин аңламыйм
Mi ne ferstan

проблема
a problema

Хәерле кич!
Kuneti!

Хәерле иртә!
Morgu!

Тыныч йокы!
Kuneti!

хушыгыз
Adyosi!

юнәлеш
a beni

багаж
a bagasi

букча
a tas

рюкзак
a tas

кунак
a fisiti

бүлмә
a kamra

йоклар өчен капчык
a sribi saka

палатка
a tenti

сәяхәт - a koiri

туристик мәгълүмат	пляж	кредит картасы
a reiskantoro	a sekanti	a kreditkarta

иртәнге аш	төш	кичке аш
a mamanten nyanyan	nyanyan	a nyanyan

билет	лифт	почта маркасы
a karta	a lift	a stampu

чик	таможня	илчелек
a lanki	a douane	a ambassade

виза	паспорт	
a fisa	a pasportu	

сәяхәт - a koiri

транспорт
a transport

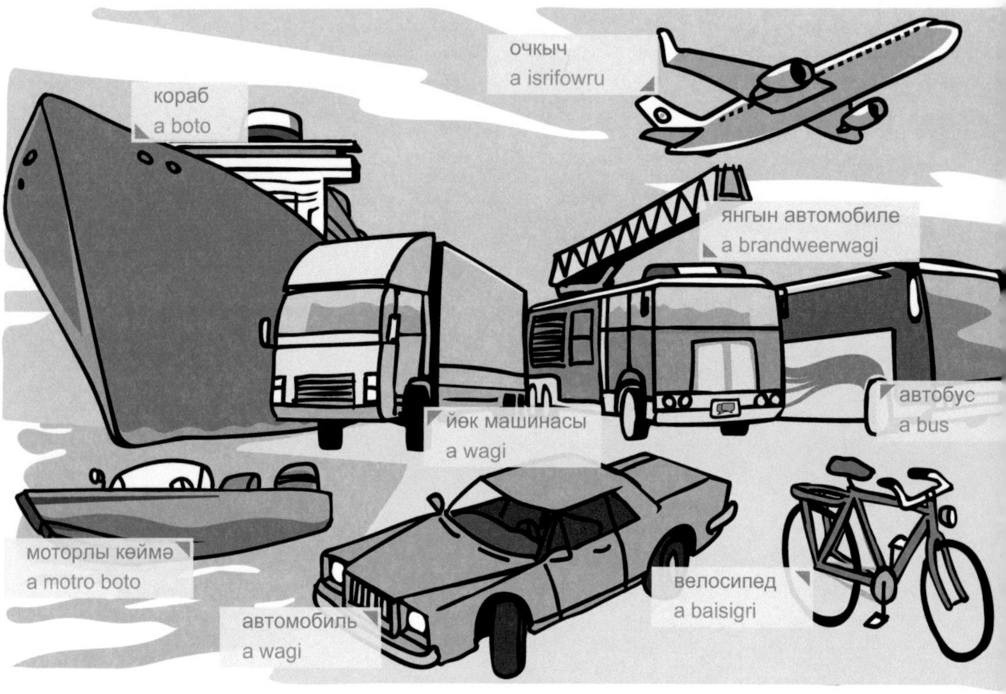

очкыч
a isrifowru

кораб
a boto

янгын автомобиле
a brandweerwagi

автобус
a bus

йөк машинасы
a wagi

моторлы көймә
a motro boto

велосипед
a baisigri

автомобиль
a wagi

паром
a pondo

көймә
a boto

мотоцикл
a motro

полиция автомобиле
a skowtu wagi

узыш автомобиле
a streilon wagi

вакытлыча алып торган автомобиль
a yuru wagi

автомобильләр белән уртак файдалану a wagi prati	буксирлау автомобиле a takelwagi	чүп ташучы a doti wagi

двигатель a motro	ягулык a oli	заправка a oli pompu
	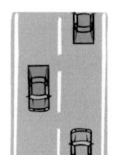	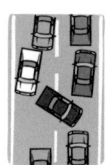
юл билгесе a ferkeermarki	хәрәкәт a ferkeer	бөке a reylo

автомобиль тукталышы a parkeerpresi	вокзал a lokopresi	рельслар den rail
	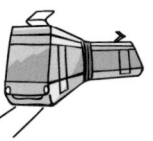	
поезд a loko	трамвай a loko	вагон a wagi

транспорт - a transport

вертолет
a helikopter

аэропорт
a opolangi

каланча
a fortresi

юлчы
a pasasir

контейнер
a kontainer

тартма
a doso

арба
a wagi

кәрзинкә
a baskita

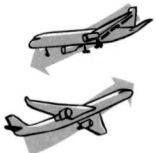
очу / җиргә төшү
opo go / saka

шәһәр
a foto

авыл
a dorpu

шәһәр үзәге
a fotosei

йорт
a oso

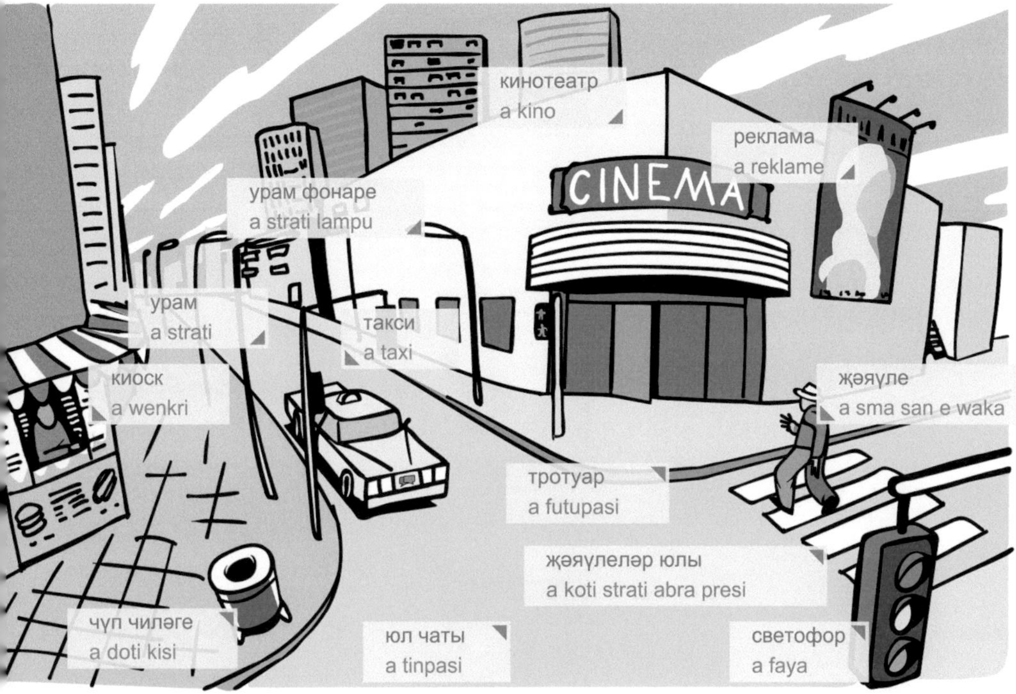

кинотеатр
a kino

реклама
a reklame

урам фонаре
a strati lampu

урам
a strati

такси
a taxi

киоск
a wenkri

җәяүле
a sma san e waka

тротуар
a futupasi

җәяүлеләр юлы
a koti strati abra presi

чүп чиләге
a doti kisi

юл чаты
a tinpasi

светофор
a faya

алачык

a kampu

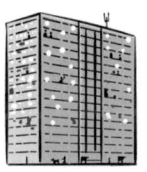

фатир

a oso

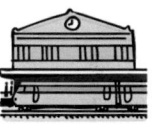

вокзал

a lokopresi

ратуша

a foto oso

музей

a museum

мәктәп

a skoro

шәһәр - a foto

университет
a unifersiteit

банк
a bangi

хастаханә
a ati oso

кунакханә
a hotel

даруханә
a apteiki

офис
a kantoro

китап кибете
a buku winkri

кибет
a wenkri

чәчәк кибете
a bromki winkri

супермаркет
a wenkri

базар
a wowoyo

универмаг
a wowoyo

балык кибете
a fisi seri man

сәүдә үзәге
a bigi wenkri

порт
a lanpresi

парк
a park

эскәмия
a bangi

күпер
a broki

баскыч
a trapu

метро
a fatyawagi

тоннель
a ondrogron-strati

автобус тукталышы
a bushalte

бар
a bar

ресторан
a restaurant

почта тартмасы
a brifibus

урам исеме язылган такта
a strati nen marki

паркометр
a parkeer marki

зоопарк
a meti dyari

бассейн
a swen presi

мәчет
a gado-oso

шәһәр - a foto

ферма
a burugron

әйләнә-тирә мохитне пычрату
a doti sani

зират
a berpe

чиркәү
a kerki

балалар мәйданчыгы
a prei presi

гыйбадәтханә
a gado-oso

ландшафт
a landschap

бит
a wiwiri

юл күрсәткече
a pasi marki

юл
a pasi

болын
a wei

таш
a ston

агач
a bon

сәяхәтче
a koiri sma

елга
a libi

үлән
a grasi

чәчәк
a bromki

 үзән a lagi presi	 тау a lebriki	 күл a fisi-olo
 урман a busi	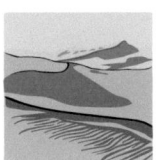 чүл a dreisabana	 вулкан a bergi
 йозак a ridder-oso	 салават күпере a alenbo	 гөмбә a todoprasoro
 пальма a palmbon	 черки a maskita	 чебен a freifrei
 кырмыска a mira	 корт a waswasi	 үрмәкүч a anansi

ландшафт - a landschap

15

коңгыз
a asege

бака
a todo

тиен
a bonboni

керпе
a agidya

куян
a kon koni

ябалак
a owru kuku

кош
a fowru

аккош
a gansi

кабан дуңгызы
a werder agu

болан
a dia

поши
a dia

буа
a dan

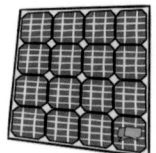

җил генераторы
a winti miri

кояш батареясы
a son planga

климат
a weer

ландшафт - a landschap

ресторан
a restaurant

- официант — a diniman
- меню — a nyankarta
- утыргыч — a sturu
- аш — a supu
- пицца — a pissa
- ашханә приборлары — nefi nanga forku
- ашъяулык — tafra duku

кабымлык

a fesi nyanyan

төп ашамлык

a moro prenspari sortu nyan

десерт

a switi sani

эчемлекләр

a dringi

азык

a nyan

шешә

a batra

фастфуд
a fastfood

урам ризыгы
strati nyanyan

чәйнек
a tépatu

шикәр савыты
sukru patu

күләм
a krab'patu

кофе кайнаткыч
a espressomasyin

балалар урындыгы
a pikin sturu

исәпләү
a borgu

поднос
a brakri

пычак
a nefi

чәнечке
a forku

кашык
a spun

чәй кашыгы
a téspun

салфетка
a servet

стакан
a grasi

ресторан - a restaurant

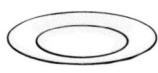
тәлинкә
a preti

аш тәлинкәсе
a supu preti

чәй тәлинкәсе
a skotriki

соус
a sowsu

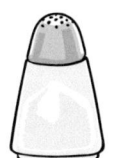
тоз савыты
a sowtupatu

борыч ваклагыч
a pepre miri

серкә
a asin

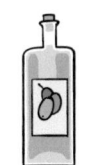
сыек май
a oli

тәмләткеч
den specerij

кетчуп
a ketchup

горчица
a mosterd

майонез
a mayonaise

ресторан - a restaurant

супермаркет

a wenkri

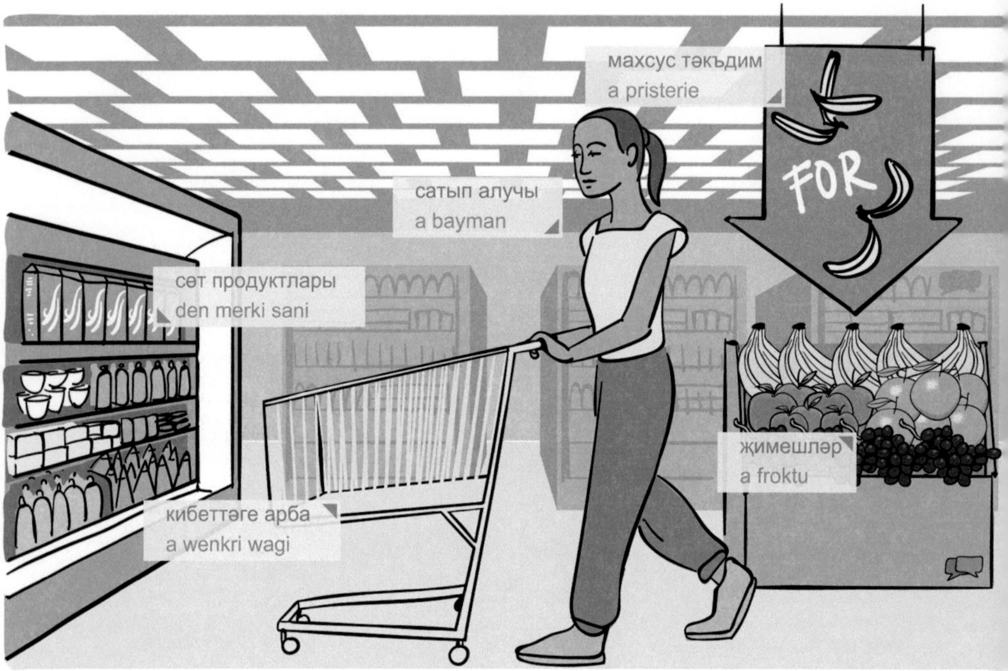

махсус тәкъдим
a pristerie
FOR
сатып алучы
a bayman
сөт продуктлары
den merki sani
җимешләр
a froktu
кибеттәге арба
a wenkri wagi

BUTCHERS

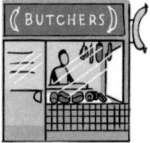

ит кибете

a srakti-oso

BAKERY

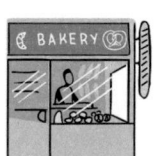

икмәк пешерү йорты

a bakri-oso

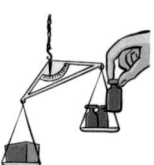

килү

wegi

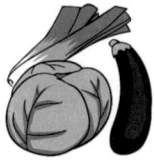

яшелчә

a gruntu

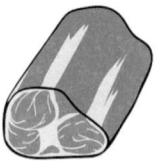

ит

a meti

туңдырылган продуктлар

den ijskasi sani

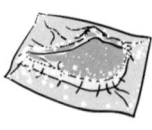

кисәкле ит

a kowru meti

консервалар

a blik nyan

кер юу порошогы

a wasi sani

тәм-томнар

a switi sani

көнкүреш җиһазлары

den oso sani

юу әйбере

a sani fu krin

хатын-кыз сатучы

a seri sma

касса

a kas

кассир

a kasman

тып алган әйберләрнең исемлеге

a bai marki

эш вакыты

den opo yuru

бумажник

a portmoni

кредит картасы

a kreditkarta

букча

a tas

полиэтилен пакет

a plastik saka

супермаркет - a wenkri

эчемлекләр
a dringi

су
a watra

сок
a sap

сөт
a merki

кока-кола
a kola

шәраб
a win

сыра
a biri

хәмер
a sopi

какао
a skrati

чәй
a té

кофе
a kofi

эспрессо
a espresso

капучино
a kappuccino

азык
a nyan

банан
a bakba

алма
a apra

әфлисун
a apresina

карбыз
a watramun

лимон
a sitrun

кишер
a rutu

сарымсак
a konofroku

бамбук
a bambu

суган
a aiun

гөмбә
den todoprasoro

чикләвекләр
den noto

токмач
a pasta

спагетти a spaghetti	дөге a alesi	салат a salade

чипсы a patata	кыздырылган бәрәңге den baka patata	пицца a pissa

гамбургер a burger	сэндвич a brede	котлет a schnitsel
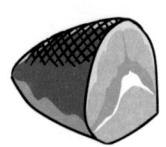		
ветчина a ameti	салями a salami	сосиска a worst

тавык a kafowru	кыздырма a bakadina	балык a fisi

азык - a nyan

солы кисәкләре a hafermout	мюсли a muesli	кукуруз кисәкләре den karuflakes

он a blon	круассан a croissant	булка den brede

икмәк a brede	тост a baka brede	печенье a buskutu

май a botro	эремчек a kwark	пирог a kuku

йомырка a eksi	йомырка тәбәсе a baka eksi	сыр a kasi

азык - a nyan

туңдырма	шикәр	бал
a ice-cream	a sukru	a oni

кайнатма	шоколадлы паста	карри
a jam	a sukruskrati pasta	a kerrie

азык - a nyan

ферма
a burugron

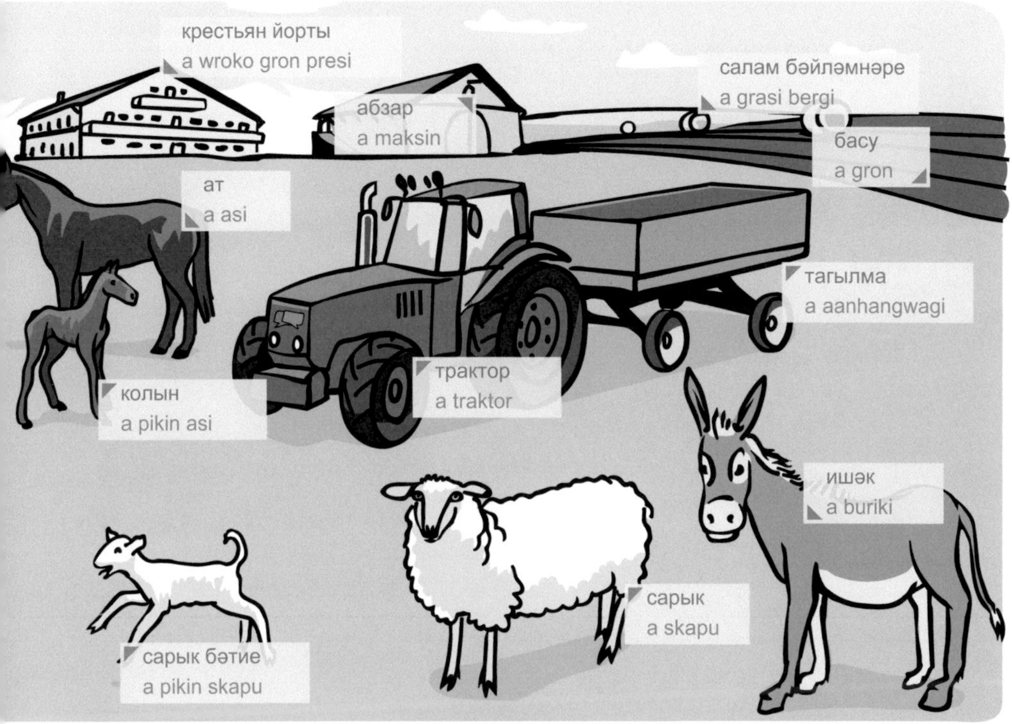

крестьян йорты
a wroko gron presi

абзар
a maksin

салам бәйләмнәре
a grasi bergi

басу
a gron

ат
a asi

тагылма
a aanhangwagi

колын
a pikin asi

трактор
a traktor

ишәк
a buriki

сарык
a skapu

сарык бәтие
a pikin skapu

кәҗә
a krabita

сыер
a kaw

бозау
a pikin kaw

дуңгыз
a agu

дуңгыз баласы
a pikin agu

үгез
a burkaw

каз
a gansi

үрдәк
a doksi

чеби
a pikin fowru

тавык
a fowru

әтәч
a kakafowru

күсе
a alata

песи
a puspusi

тычкан
a moismoisi

эш үгезе
a burkaw

эт
a dagu

эт оясы
a dagu pen

бакча шлангысы
a tuinslang

сусипкеч
a watra kan

чалгы
a nefi

сабан
a pluga

ферма - a burugron

урак
a babun-nefi

китмән
a tyapu

тирес сәнәге
a forku

балта
a beyri

кул арбасы
a kroiwagi

тагарак
a baki

сөт өчен бидон
a merki kan

капчык
a saka

койма
a skotu

абзар
a pen

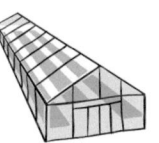

теплица
a grun kasi

туфрак
a gron

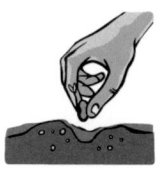

чәчү
a siri

ашлама
a doti

комбайн
a maaidorser

ферма - a burugron

уңыш җыю

koti

уңыш

a nyanyan

ямса

a yami

бодай

a aleisi

соя

a soja

бәрәңге

a patata

кукуруз

a karu

рапс

a koro siri

җимеш агачы

a froktu bon

маниок

a kasaba

иген

den siri

йорт
a oso

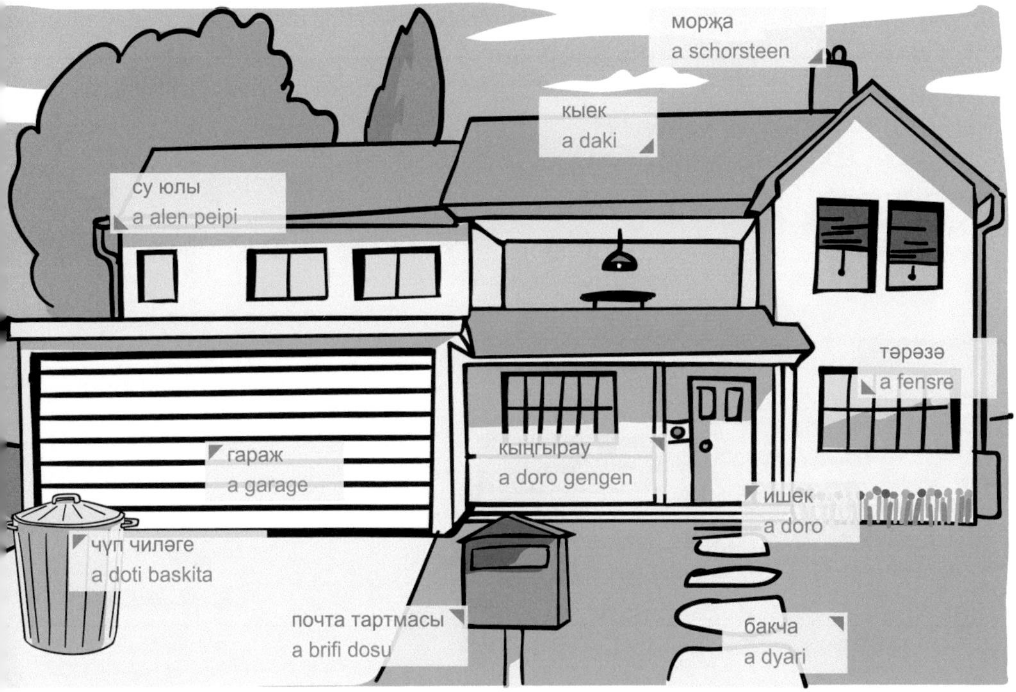

морҗа
a schorsteen

кыек
a daki

су юлы
a alen peipi

тәрәзә
a fensre

гараж
a garage

кыңгырау
a doro gengen

ишек
a doro

чүп чиләге
a doti baskita

почта тартмасы
a brifi dosu

бакча
a dyari

кунак бүлмәсе
a foroisi

ванна бүлмәсе
a was oso

аш бүлмәсе
a botrali

йокы бүлмәсе
a sribikamra

балалар бүлмәсе
a pikin kamra

ашханә
a nyanyan kamra

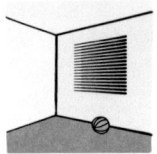
идән
a gron

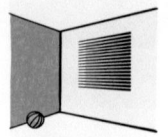
дивар
a skotu

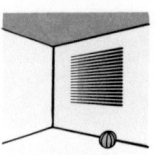
түшәм
a plafon

баз
a kedre

сауна
a sauna

балкон
a barkon

терраса
a terras

бассейн
a swen presi

газон чапкыч
a waimasyin

юрган аслыгы
a sribikrosi

япма
a sribikrosi

карават
a bedi

себерке
a sisibi

чиләк
a embre

сүндергеч
a san fu leti faya

йорт - a oso

кунак бүлмәсе
a foroisi

- рәсем / a fowtow
- обойлар / a behang
- киштә / a planga
- лампа / a lampu
- шкаф / a kasi
- камин / a brantmiri
- телевизор / a telefisi
- чәчәк / a bromki
- мендәр / a kunsu
- ваза / a bromkipatu
- диван / a sturu
- дистанцион идарә иту пульты / a afstandbediening

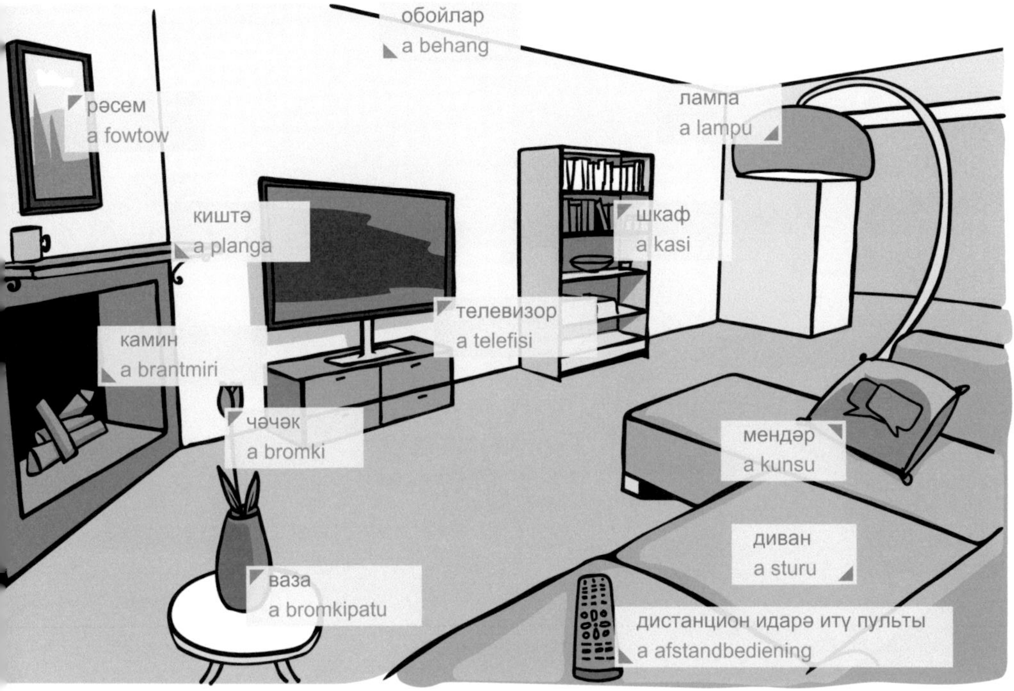

келәм
a matamata

пәрдә
a garden

өстәл
a tafra

утыргыч
a sturu

тибрәткеч кәнәфи
a boboisturu

кәнәфи
a sturu

кунак бүлмәсе - a foroisi

китап
a buku

япма
a tapun

бизәк
a pranpran

утын
a udu

фильм
a kino

стереосистема
a stereo-installatie

ачкыч
a sroto

газета
a koranti

картина
a skedrei

плакат
a poster

радио
a konkrudosu

блокнот
a skrifi buku

тузан суыргыч
a stofsuiger

кактус
a kaktus

шәм
a kandra

кунак бүлмәсе - a foroisi

аш бүлмәсе
a botrali

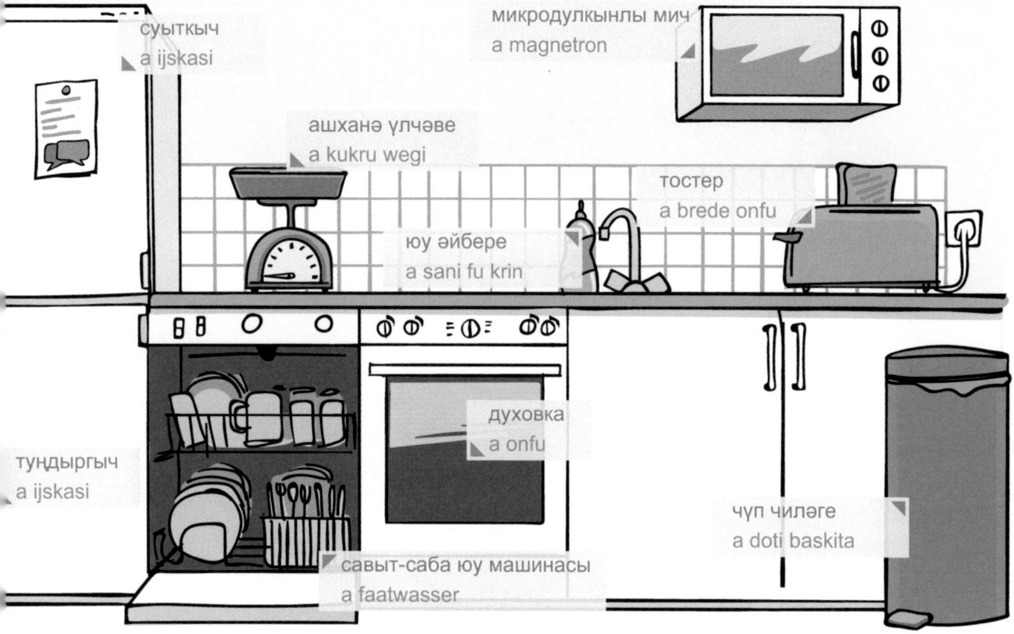

суыткыч
a ijskasi

микродулкынлы мич
a magnetron

ашханә үлчәве
a kukru wegi

тостер
a brede onfu

юу әйбере
a sani fu krin

духовка
a onfu

туңдыргыч
a ijskasi

чүп чиләге
a doti baskita

савыт-саба юу машинасы
a faatwasser

плитә
a onfu

кәстрүл
a patu

чуен казан
a isri patu

вок / казан
a wok / kadai

таба
a pan

чәйнек
a ketre

аш бүлмәсе - a botrali

парда пешергеч
a dampupatu

калай таба
a baka preti

савыт-саба
den tafra-sani

кружка
a kan

җамаяк
a koba

таякчык
den nyantiki

аш чүмече
a supu spun

лопатка
a spatel

туглауыч
a klutser

иләк
a fergiet

иләк
a dorodoro

кыргыч
a gritigriti

төйгеч
a mortier

гриль
a barbakoto

учак
a faya presi

аш бүлмәсе - a botrali

такта
a koti planga

уклау
a blon lolo

бөке суыргыч
a korkutreki

калай банк
a tromu

консерв ачу өчен пычак
a knefi fu opo blik

электергеч
a patu duku

раковина
a wasibaki

щётка
a bosro

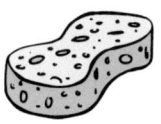
губка
a sponsu

миксер
a blender

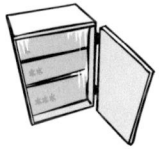
туңдыру камерасы
a ijskasi

ашату өчен шешә
a beibi batra

кран
a kran

аш бүлмәсе - a botrali

37

ванна бүлмәсе
a was oso

җылыту
a faya

сөлге
a wasduku

душ
a douche

күбекле ванна
a bubbel wasi

душ пәрдәсе
a douche garden

ванна
a badkuip

стакан
a grasi

кер юу машинасы
a wasmasyin

плитка
den tegel

кран
a kran

чүлмәк
a pisi patu

раковина
a wasibaki

бәдрәф
a kumakoisi

унитаз
a kumakoisi

биде
a bidet

писсуар
a pisi presi

бәдрәф кәгазе
a kumakoisi papira

керпе кебек чистарткыч
a kumakoisi bosro

теш щеткасы
a tifi bosro

теш пастасы
a tandpasta

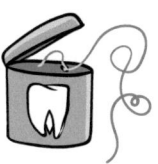

теш җебе
a floss

юу
wasi

кул душы
a douche

душ
a kumakoisi douche

оча сөяге
a was koba

аврка өчен щетка
a baka bosro

сабын
a sopo

душ өчен гель
a douchegel

шампунь
a sopo

мунчала
a was krosi

агым
a afvoer

крем
a krème

дезодорант
a okselstik

ванна бүлмәсе - a was oso   39

көзге

a spikri

кул көзгесе

a moimoi fu fesi spikri

пәке

a sebinefi

кырыну өчен күбек

a sebiskuma

Кырынаганнан соң кулланыла торган лосьон

a aftershave

тарак

a kankan

щётка

a bosro

фен

a wiri drei masyin

чәчләр лагы

a wirispray

косметика

a moimoi fu fesi

ирен буявы

a lippenstift

тырнаклар лагы

a nangra ferfi

мамык

den katun

маникюр кайчысы

a nangra sey

хушбуй

a switi smeri

ванна бүлмәсе - a was oso

косметика савыты

a tas gi krin sani

урындык

a kroku

үлчәү

a wegi

халат

a was dyaki

резин перчаткалар

den handschoen fu krin

тампон

a tampon

гигиена җәймәсе

a munduku

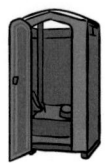

биотуалет

a kumakoisi

ванна бүлмәсе - a was oso

балалар бүлмәсе
a pikin kamra

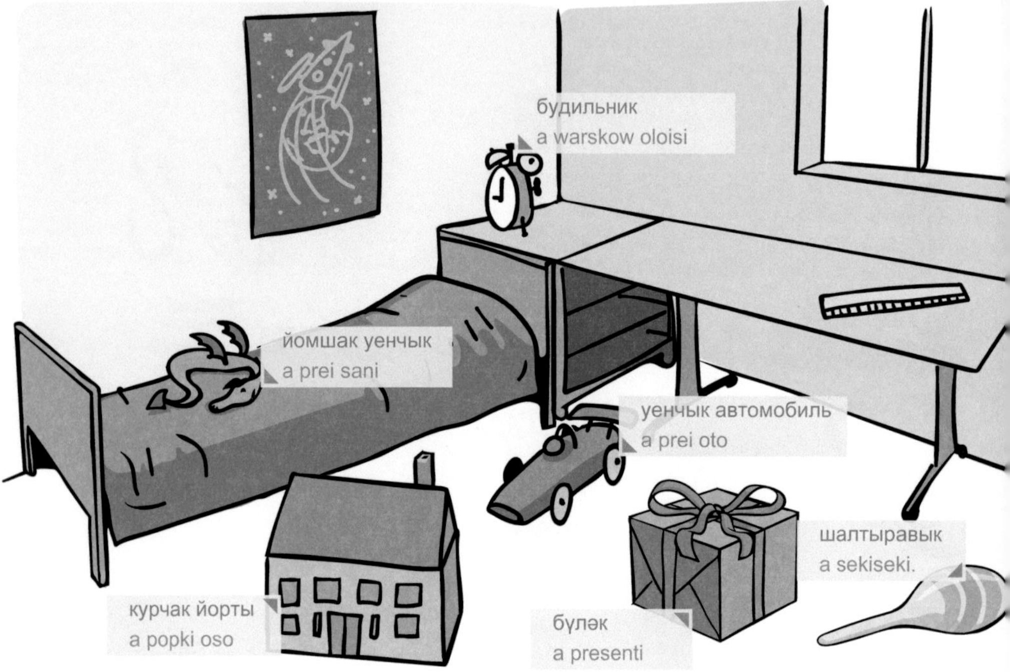

будильник
a warskow oloisi

йомшак уенчык
a prei sani

уенчык автомобиль
a prei oto

шалтыравык
a sekiseki

курчак йорты
a popki oso

бүләк
a presenti

һава шары

a ballon

кароват

a bedi

балалар коляскасы

a beibiwagi

кәрт уены

a paki karta

пазл

a laytori

комикс

a strip torie

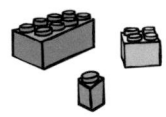

Лего кирпечекләре
den lego ston

шакмак
den prei sani

уенчык
a aktiefiguurtje

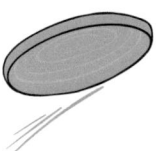
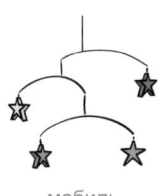

ползунки
a beibikrosi

фрисби
a frisbee

мобиль
a mobile

өстәл уены
a prei tapu bord

шакмак
a prei ston

тимер юл моделе
a prei sani loko

имезлек
a bobimofo

кичә
a fesa

рәсемнәр белән бизәлгән китап
a prenki buku

туп
a bal

курчак
a popki

уйнау
prei

балалар бүлмәсе - a pikin kamra

комлык	таган	уенчык
a santi baki	a boboisturu	den preisani

уен приставкасы	өч көпчәкле велосипед	плюш аю
a prei komputer	a baysigri	a prei sani

кием-салым шкафы
a krosikasi

кием
a krosi

оекбаш	оек	колготки
den kowsu	den kowsu	a kowsu

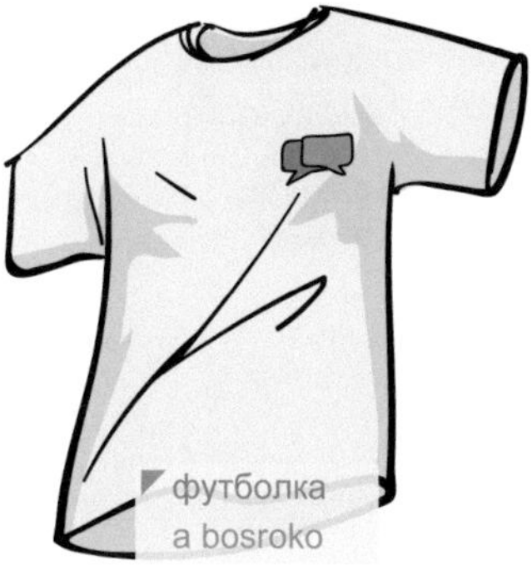

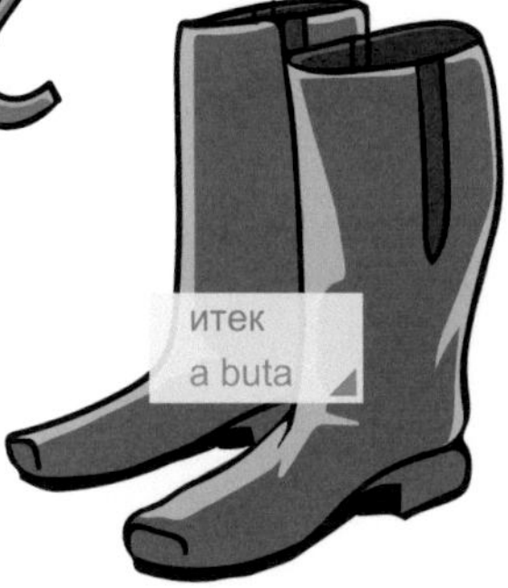

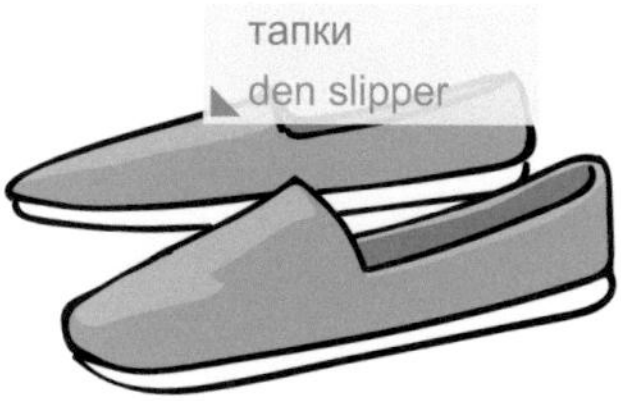

шарф
a sjaal

каеш
a banti

зонт
a prasoro

футболка
a bosroko

итек
a buta

тапки
den slipper

кроссовки
den pata

сандаллар
den susu

ботинкалар
den susu

резин итеклəр
a buta

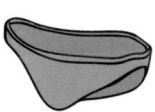

трусик
a jockey

бюстгальтер
a bh

майка
a kamsoro

кием - a krosi

45

боди
a skin

чалбар
a bruku

джинсы
a jeansbruku

итәк
a koto

блузка
a blus

күлмәк
a empi

свитер
a empi

свитер
a dyaki

спорт курткасы
a djakti

жакет
a dyakti

пәлтә
a alendyakti

плащ
a alendyakti

костюм
a paki

күлмәк
a yapon

туй күлмәге
a trowyapon

кием - a krosi

ирләр костюмы	төнге эчке күлмәк	пижама
a paki	a sribikrosi	a sribikrosi

сари	яулык	чалма
a sari	a angisa	a tulband

пәрәнҗә	кафтан	абайя
a burka	a kaftan	a abaya

коену костюмы	плавки	шорт
a swenkrosi	a swenbruku	a syatu bruku

спорт костюмы	алъяпкыч	перчаткалар
a training paki	a feskoki	a handschoen

кием - a krosi

төймә
a knopo

күзлек
a aygrasi

беләзек
a anubuy

чылбыр
a keti

балдак
a linga

алка
a yesilinga

бүрек
a ati

элгеч
a krosi anga

эшләпә
a ati

галстук
a tay

молния каптырмасы
a rits

каска
a feti musu

подтяжка
a bretel

мәктәп формасы
a sem skoro krosi

форма
a sem krosi

кием - a krosi

балалар күкрәкчәсе

a slabbetje

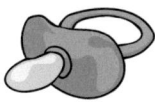

имезлек

a bobimofo

подгузник

a pisiduku

офис
a kantoro

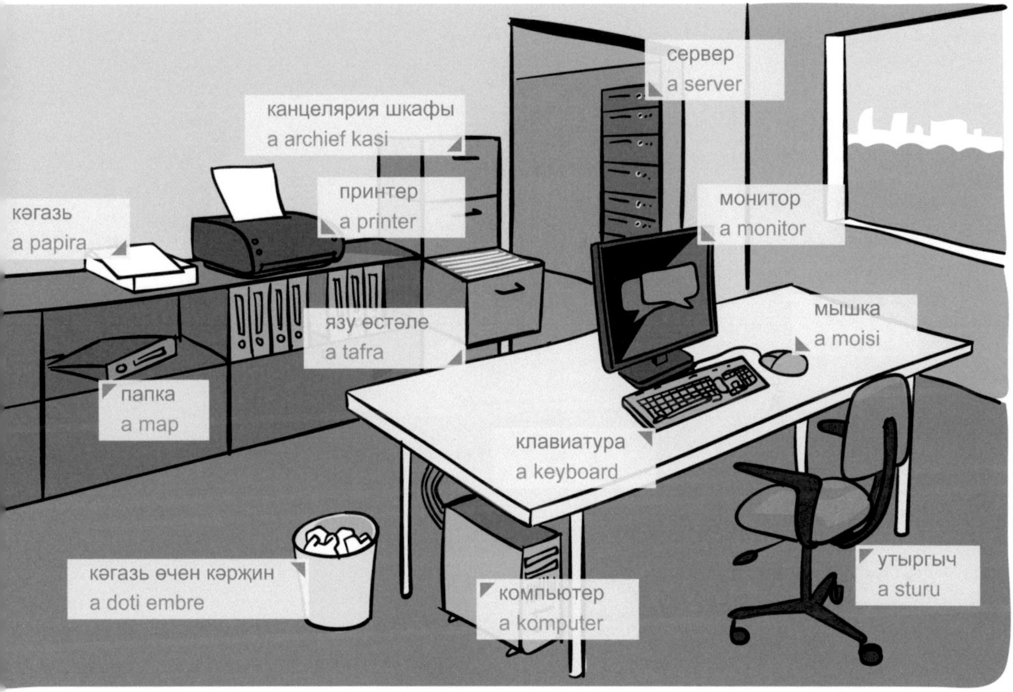

сервер
a server

канцелярия шкафы
a archief kasi

принтер
a printer

кәгазь
a papira

монитор
a monitor

язу өстәле
a tafra

мышка
a moisi

папка
a map

клавиатура
a keyboard

кәгазь өчен кәрҗин
a doti embre

компьютер
a komputer

утыргыч
a sturu

кофе кружкасы

a kofi kan

калькулятор

a kalkulator

интернет

a internet

ноутбук
a laptop

хат
a brifi

хәбәр
a boskopu

кесә телефоны
a konkrutitei

челтәр
a neti

ксерокс
a kopi masyin

программа
a software

телефон
a konkrutitei

розетка
a stopkontakt

факс
a fax masyin

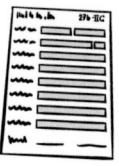

формуляр
a formulier

документ
a papira

офис - a kantoro

икътисад
a ekonomia

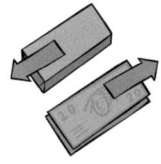
сатып алу
bai

түләү
pai

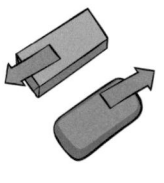
сәүдә
du

акча
a moni

доллар
a dollar

евро
a euro

иена
a yen

сум
a rubel

франк
a frank

жэньминьби юань
a renminbi yuan

рупия
a rupie

банкомат
a monimasyin

валюта алмаштыру пункты
a kenki kantoro

алтын
a gowtu

көмеш
a solfru

җир мае
a oli

энергия
a krakti

бәя
a prijs

килешү
a kontrakti

салым
a lantimoni

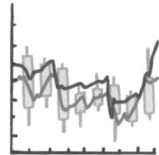

акция
a pisi

эш
wroko

эшче
a wrokoman

эш бирүче
a wrokobasi

фабрика
a fabrik

кибет
a wenkri

икътисад - a ekonomia

профессияләр
den kari

полицейский
a skowtu

янгын сүндерүче
a brandweerman

очучы
a piloot

пешекче
a boriman

табиб
a datra

бакчачы
a djariman

агач остасы
a temreman

тегүче
a modist

хаким
a krutubasi

химик
a scheikunde sma

актер
a akteur

автобус йөртүче
a bus sjafeur

таксист
a taximan

балыкчы
a fisiman

җыештыручы хатын
a krinsma

түбә ябучы
a dakitapu man

официант
a diniman

аучы
a ontiman

рәссам
a ferfiman

пешекче
a bakriman

электрик
a elektrikman

төзүче
a bow-wroko man

инженер
a ensjinoru

итче
a sraktiman

сантехник
a loodgieter

хат ташучы
a postbode

профессияләр - den kari

солдат
a srudati

архитектор
a architekt

кассир
a kasman

чәчәкче
a bromkisma

парикмахер
a seti sma wiri man

кондуктор
a kondukteur

механик
a monteur

капитан
a kapten

теш табибы
a tifidatra

галим
a sabiman

раввин
a Dyu domri

имам
a Moslim domri

монах
a moniki

рухани
a priester

профессияләр - den kari

кораллар
a wrokosani

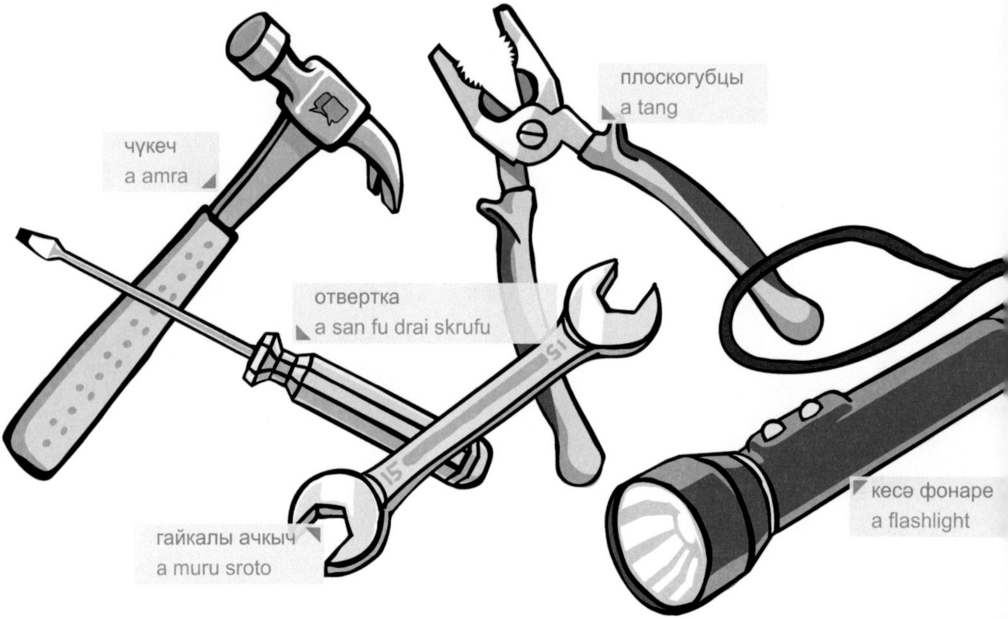

чүкеч
a amra

плоскогубцы
a tang

отвертка
a san fu drai skrufu

гайкалы ачкыч
a muru sroto

кесә фонаре
a flashlight

экскаватор
a dikimasyin

инструментлар өчен тартма
a wrokosani kisi

баскыч
a trapu

пычкы
a sa

кадаклар
den spikri

дрель
a boro

төзәтү
meki

көрәк
a skepi

Шайтан алгыры!
Baya!

соскы
a stofblik

савытлы буяу
a ferfi patu

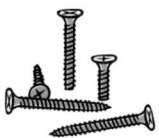

винтлар
den skrufu

музыкаль инструментлар
den poku sani

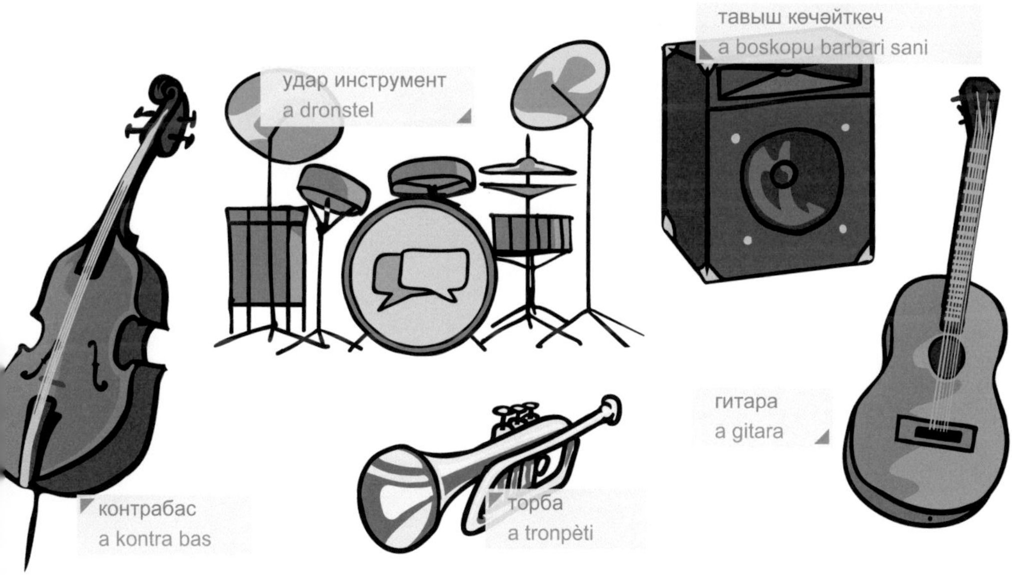

тавыш көчәйткеч
a boskopu barbari sani

удар инструмент
a dronstel

гитара
a gitara

контрабас
a kontra bas

торба
a tronpèti

пианино

a piano

скрипка

a finyoro

бас-гитара

a bas

литавра

a pauk

барабан

a dron

синтезатор

a keyboard

саксофон

a saxofon

флейта

a froiti

микрофон

a mikrofon

зоопарк
a meti dyari

юлбарыс
a tigri

керү
a mofodoro

күзәнәк
a pen

зебра
a sabanaburiki

азык
a meti nyan

панда
a panda

хайваннар

den meti

фил

a asaw

көнгерә

a kangeru

мөгезборын

a neushoorn

горилла

a gorilla

аю

a beer

дөя
a kameri

тәвә кошы
a stroisifowru

арыслан
a lew

маймыл
a monki

фламинго
a korikori

тутый кош
a popokai

ак аю
a ijsbeer

пингвин
a pinguïn

акула
a sarki

тавис
a prodokaka

елан
a sneki

крокодил
a kaiman

зоопарк хезмәткәре
a sma san e sorgu meti

тюлень
a sedagu

ягуар
a penitigri

зоопарк - a meti dyari

пони
a pikin asi

каплан
a penitigri

су үгезе
a watrabofru

жираф
a giraf

бөркет
a aka

кабан дуңгызы
a werder agu

балык
a fisi

ташбака
a sekrepatu

морж
a walrus

төлке
a sabanadagu

газәл
a dia

спорт төрләре
a sport

америка футболы
Amerkan futubal

велосипедта йөрү
rèi baisigri

теннис
tennis

баскетбол
basketbal

йөзү
swen

бокс
boks

хоккей
ijshockey

футбол
futubal

бадминтон
badminton

җиңел атлетика
atletiek

гандбол
anubal

чаңгы спорты
skiën

поло
polo

хәрәкәт
den aktifiteit

- сикерү / jompo
- көлү / lafu
- кочаклау / brasa
- бару / waka
- җырлау / singi
- хыяллану / dren
- гыйбадәт кылу / begi
- үбү / bosi

язу
skrifi

рәсем ясау
hari

күрсәтү
sori

басу
pusu

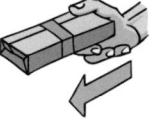

бирү
gi

алу
teki

 үзеңдә булдыру abi	 эшләү dati	 булу de
 басып тору tnapu	 йөгерү lon	 тарту hari
 ташлау trowe	 егылу fadon	 яту lei
 көтү wakti	 йөртү tyari	 утыру sidon
 кию weri	 йоклау sribi	 уяну wiki

хәрәкәт - den aktifiteit

карау
luku

елау
krei

үтекләү
korikori

тарау
kan

әйтү
taki

аңлау
ferstan

сорау
aksi

тыңлау
arki

эчү
dringi

ашау
nyanyan

тәртипкә китерү
krin

сөю
lobi

әзерләү
bori

машинада бару
rei

очу
frei

хәрәкәт - den aktifiteit

Җилкәндә йөрү
seiri

исәпләү
teri

уку
lesi

уку
leri

эш
wroko

никахлашу
trow

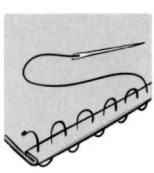
тегү
nai

тешләрне чистарту
krintifi

үтерү
kiri

тәмәке тарту
smoko

җибәрү
seni

хәрәкәт - den aktifiteit

гаилә
a famiri

әби / a granmama
бабай / a granpapa
әти / a papa
әни / a mama
сабый / a beibi
кыз / a umapikin
ул / a manpikin

кунак
a fisiti

түти
a tanta

абый
a omu

кардәш
a brada

апа
a sisa

тән
a skin

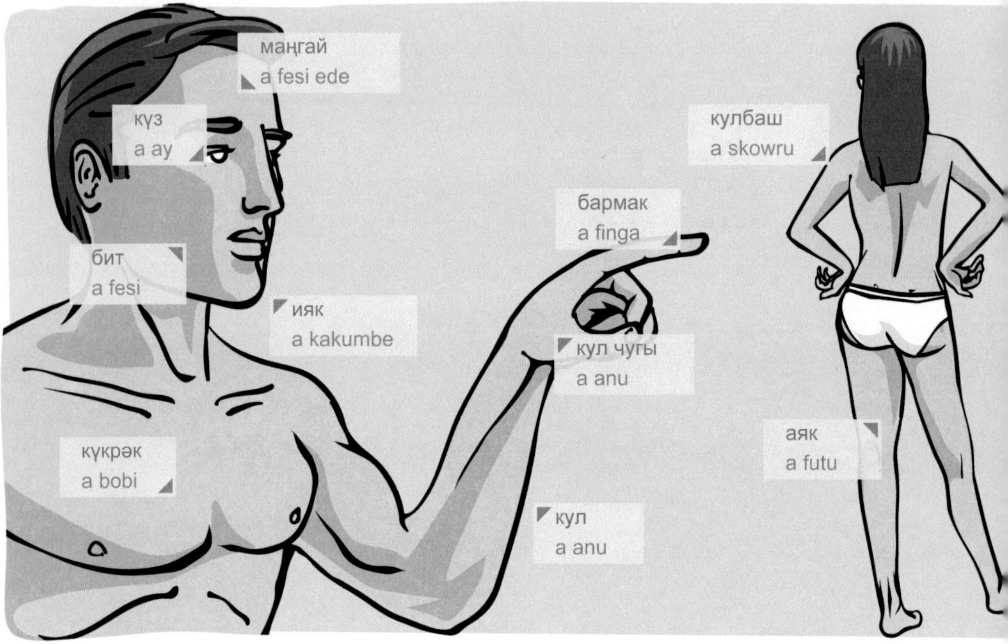

- маңгай — a fesi ede
- күз — a ay
- бит — a fesi
- ияк — a kakumbe
- күкрәк — a bobi
- кулбаш — a skowru
- бармак — a finga
- кул чугы — a anu
- аяк — a futu
- кул — a anu

сабый
a beibi

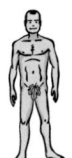

ир
a man

хатын
a uma

кыз
a uma pikin

малай
a boi

баш
a ede

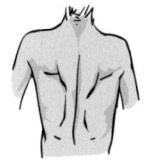
арка
a baka

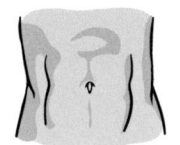
эч
a bere

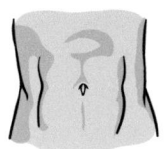
кендек
a kumba

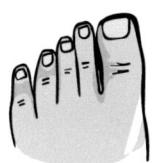
аяк бармагы
a futufinga

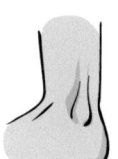
үкчә
a bakafutu

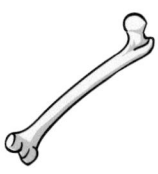
сөяк
a bonyo

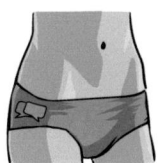
бот
a djonku

тез
a kindi

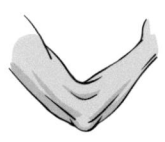
терсәк
a baka anu

борын
a noso

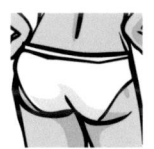
арт сан
a bakasei

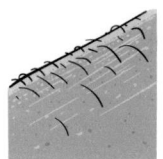
тире
a skin

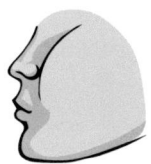
яңак
a seifesi

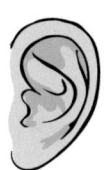
колак
a yesi

ирен
den mofobuba

тән - a skin

авыз
a mofo

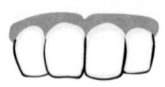

теш
a tifi

тел
a tongo

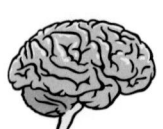

ми
a ede tonton

йөрәк
a ati

мускул
a titei

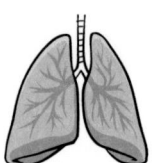

үпкәләр
a fokofoko

бавыр
a lefre

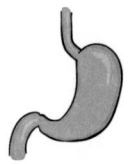

ашказан
a bere

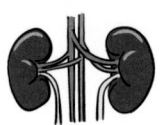

бөерләр
den niri

җенси акт
a freiri

презерватив
a pipikowsu

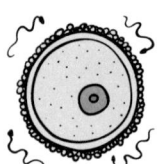

күкәйлек
a eksi

сперма
a siri

көмәнлек
a bere

тән - a skin

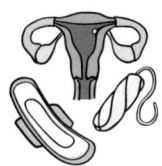  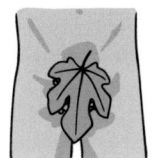

күрем	вагина	пенис
a munsiki	a umapresi	a toli

  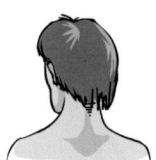

каш	чәчләр	муен
a tapu-ay-wiwiri	a wiwiri	a neki

тән - a skin

хастаханә
a ati oso

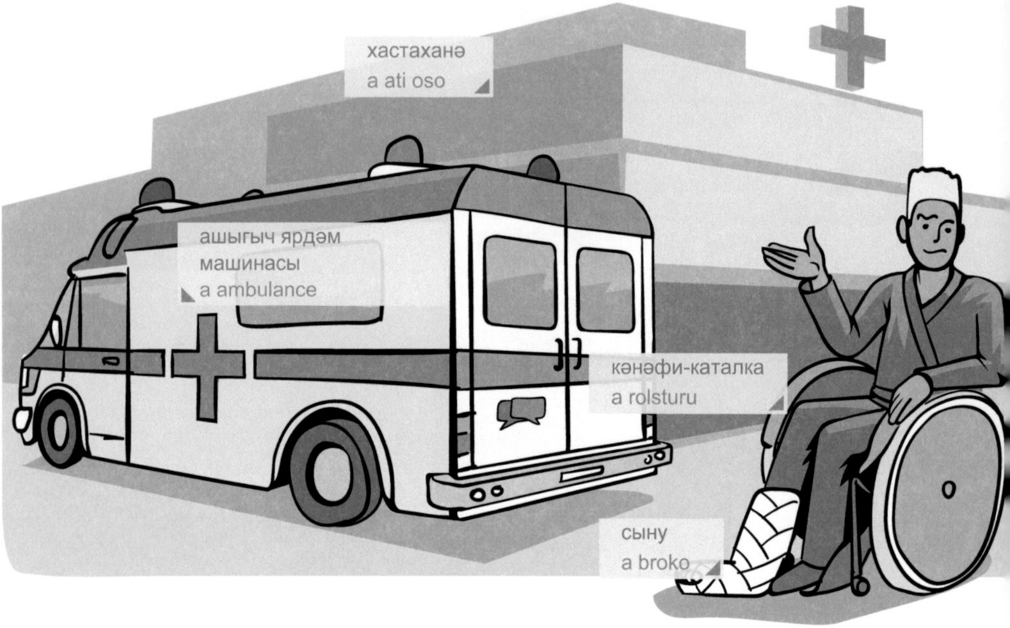

хастаханә
a ati oso

ашыгыч ярдәм машинасы
a ambulance

кәнәфи-каталка
a rolsturu

сыну
a broko

табиб

a datra

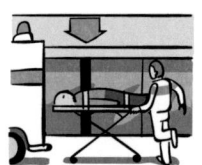

беренче ярдәм пункты

a EHBO

шәфкать туташы

a suster

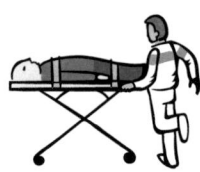

кичектергесез хәл

a nowtu

аңсыз

flaw

авырту

a pen

зыян килү
a soro

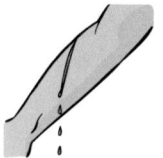

кан агу
a brudu

инфаркт
a ati siki

инсульт
a bururtu

аллергия
a trefu

ютәл
koso

югары температура
a kortsu

грипп
a griep

эч киту
a lusu bere

баш авырту
a ede-ati

кысла
a takrusiki

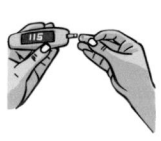

диабет
a sukru

хирург
a chirurg

скальпель
a skalpel

операция
a operâsi

хастаханә - a ati oso

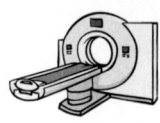
КТ
a CT

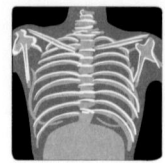
рентген
a röntgen

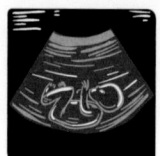
ультратавыш
a echo

битлек
a fesi maskradu

авыру
a siki

кабул итү бүлмәсе
a wakti kamra

култык таягы
a kroku

пластырь
a duku

бинт
a duku

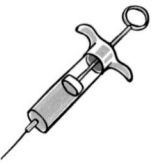
укол кадау
a spoiti

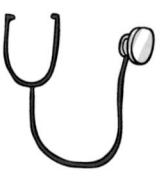
стетоскоп
a stethoskoop

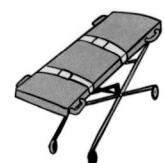
носилки
a brandkard

термометр
a temperatuur marki

туу
a gebore

артык авырлык
a fatu

хастаханә - a ati oso

колак аппараты

a masyin fu yere

йогышсызландыру чарасы

a sani fu krin

инфекция

a dyomposiki

вирус

a firus

ВИЧ / СПИД

a HIV / AIDS

дару

a dresi

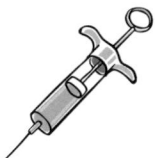

прививка

a faksinasi

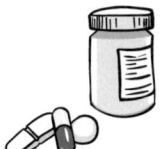

таблеткалар

den perki

балага узмас өчен таблетка

a perki

ашыгыч чакыру

a nowtu nomru

кан басымын үлчәү өчен прибор

a brudu marki

авыру / сәламәт

siki / gesontu

хастаханә - a ati oso

75

кичектергесез хәл
a nowtu

| Ярдәм итегез! | тревога сигналы | һөҗүм иту |
| Yepi! | a warskow | a feti |

| һөҗүм | куркыныч | запас чыгу урыны |
| a feti | a ogri | a nowtu doro |

| Янгын! | ут сүндергеч | каза |
| Faya! | a fayakiri sani | a mankeri |

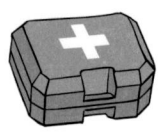

| даруханә | SOS | полиция |
| a EHBO-kofru | SOS | a skowtu |

җир
a grontapu

Европа
Bakrakondre

Төньяк Америка
Opo-Amerkan

Көньяк Америка
Suid-Amerkan

Африка
Afrika

Азия
Asi

Австралия
Australia

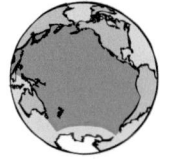

Атлантик океан
a Atlantis Se

Тын океан
a Tan tiri Se

Һинд океаны
a Indisch Se

Антарктик океан
a Suidsei Se

Төньяк Боз океаны
a Noordsei Se

Төньяк полюс
a Noordsei

Көньяк полюс
a Suidsei

Антарктика
Antartika

җир
a grontapu

коры җир
a kondre

диңгез
a se

утрау
a eilanti

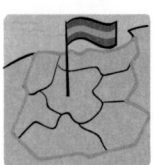

милләт
a nâsi

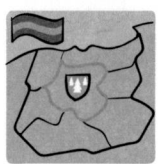

дәүләт
a lanti

сәгать
oloisi

сәгать циферблаты
a oloisi fesi

сәгать угы
a yuru sori

минут угы
a miniti sori

секунд угы
a sekonde sori

Әле сәгать ничә?
O lati a de?

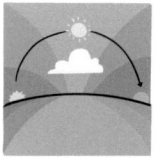

көн
a dey

вакыт
a ten

хәзер
now

электрон сәгать
a oloisi

минут
a miniti

сәгать
a yuru

атна
a wiki

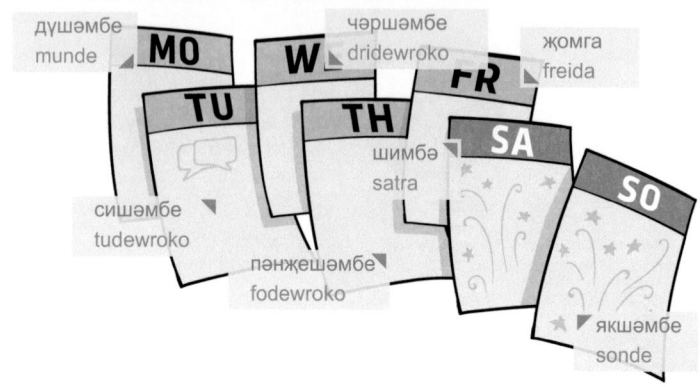

душәмбе / munde
чәршәмбе / dridewroko
җомга / freida
сишәмбе / tudewroko
шимбә / satra
пәнҗешәмбе / fodewroko
якшәмбе / sonde

кичә
esde

бүген
tide

иртәгә
tamara

иртә
a mamanten

төш
a bakadina

кич
a neti

эш көннәре
den wrokodei

ял көннәре
a weekend

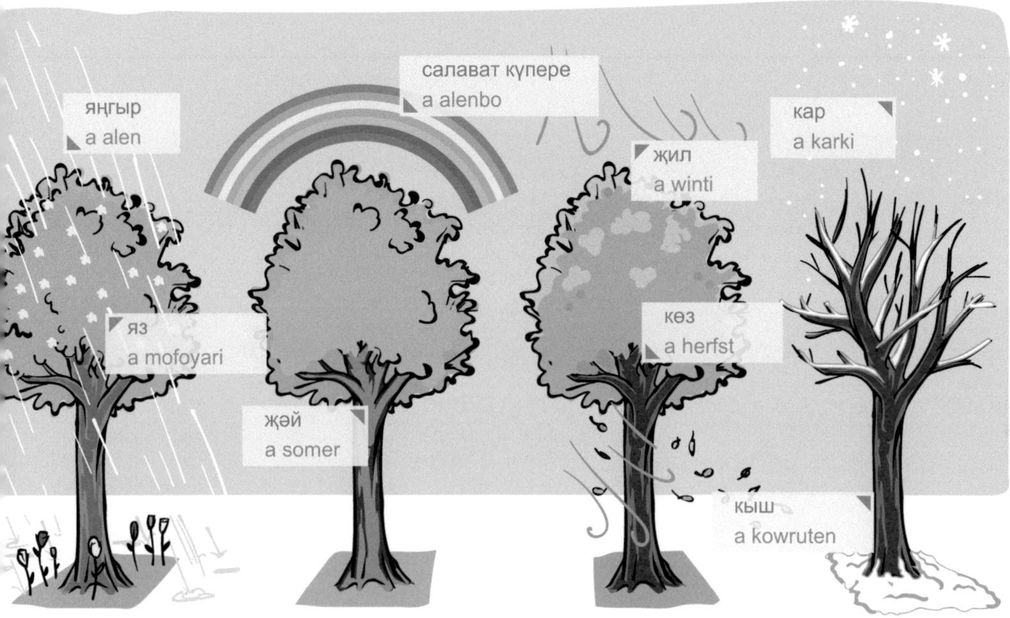

ел
a yari

яңгыр
a alen

салават күпере
a alenbo

кар
a karki

яз
a mofoyari

җил
a winti

җәй
a somer

көз
a herfst

кыш
a kowruten

hава торышы
a taki fu a weer

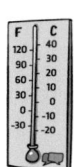

термометр
a thermometer

кояш яктысы
a skèin fu a son

болыт
a wolku

томан
a dow

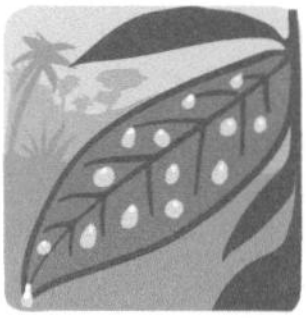

дымлылык
a loktu foktu

яшен
a faya

күк күкрәү
a dondru

давыл
a sekiwatra

боз
a agra

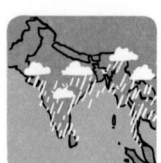

муссон
a bigi skwala

су басу
a frudu

боз
a èisi

гыйнвар
januari

февраль
februari

март
maart

апрель
april

май
mei

июнь
juni

июль
juli

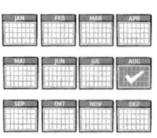

август
augustus

сентябрь
september

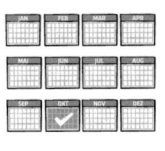
октябрь
oktober

ноябрь
nofember

декабрь
december

формалар
den form

божра
a lontu

квадрат
a fokanti

турыпочмак
a fokanti naga langa sei

өчпочмак
a dri-uku

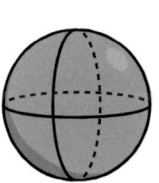
шар
a lontu

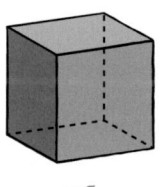
куб
a kubus

формалар - den form

төсләр
kloru

ак
witi

сары
geri

кызгылт сары
alanya

ал
ròs

кызыл
redi

шәмәхә
lila

зәңгәр
blaw

яшел
grun

көрән
broin

соры
grei

кара
blaka

капма-каршылыклар
difrenti

күп / аз
tumsi / wanwan

усал / тыныч
atibron / tiri

матур / ямьсез
moi / takru

башы / ахыры
begin / kba

зур / кечкенә
bigi / ptyin

якты / караңгы
lekti / dungru

абый / эне
brada / sisa

чиста / пычрак
krin / doti

тулы / тулы түгел
krinkrin / no bun nofo

көн / төн
dei / neti

үле / тере
dede / libi

киң / тар
bradi / smara

ашарга яраклы / ашарга яраксыз
kan nyan / no kan nyan

явыз / яхшы
takru / bun

дулкынланган / сагынган
prisiri / ferferi

юан / ябык
fatu / fini

башта / азакта
fosi / lasti

дус / дошман
mati / feyanti

тулы / буш
furu / leigi

каты / йомшак
tranga / safu

авыр / җиңел
hebi / lekti

ачлык / сусау
angri / dreineki

авыру / сәламәт
siki / gesontu

хокуксыз / хокуклы
no gi pasi / tru

акыллы / акылсыз
koni / don

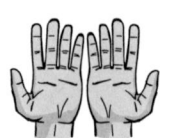

султан / уңнан
kruktu / leti

якын / ерак
gi / fara

яңа / тотылган
nyun / owru

бер нәрсә дә / нәрсәдер
noti / wan sani

өлкән / яшь
owru / jongu

тоташтырылган / сүндерелгән
leti / tapu

ачык / ябык
opo / tapu

әкрен / кычкырып
safu / tranga

бай / ярлы
gudu / poti

дөрес / дөрес түгел
bun / fowtu

кытыршы / шома
grofu / grati

моңсу / бәхетле
sari / breiti

кыска / озын
shatu / langa

җай / тиз
loli / esi esi

дымлы / коры
nati / drei

җылы / салкын
warang / kowru

сугыш / тынычлык
feti / freide

капма-каршылыклар - difrenti

саннар
den nomru

0 — ноль — noti

1 — бер — wan

2 — ике — tu

3 — өч — dri

4 — дүрт — fo

5 — биш — feifi

6 — алты — siksi

7 — җиде — seibi

8 — сигез — aiti

9 — тугыз — neigi

10 — ун — tin

11 — унбер — erfu

12
унике
twarfu

13
унөч
tin-na-dri

14
ундүрт
tin-na-fo

15
унбиш
tin-na-feifi

16
уналты
tin-na-siksi

17
унҗиде
tin-na-seibi

18
унсигез
tin-na-aiti

19
унтугыз
tin-na-neigi

20
егерме
twenti

100
йөз
hondru

1.000
мең
dusun

1.000.000
миллион
milyun

теллəр
den tongo

инглизчə
Ingristongo

американча инглиз
Amerkan Ingristongo

мандаринча Кытай
Sneisi Mandarijntongo

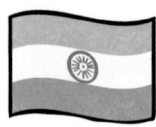

һинди
Hinditongo

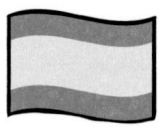

испан
Spanyoro

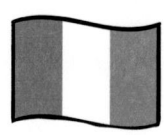

француз
Frans

гарəп
Arabiatongo

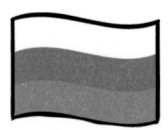

рус
Rusitongo

португал
Potogisi

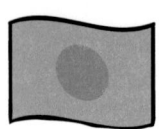

бенгал
Bengalitongo

алман
Doisritongo

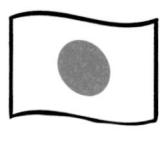

япон
Japantongo

кем / нәрсә / ничек
suma / sang / fa

мин
mi

син
yu

ул / ул / ул
en / en / en

без
unu

сез
yu

алар
den

кем?
suma?

нәрсә?
san?

ничек?
fa?

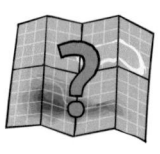

кайда?
pe?

кайчан?
oten?

исем
a nen

кем / нәрсә / ничек - suma / sang / fa

кайда
pe

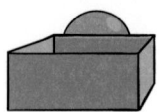

артта

baka

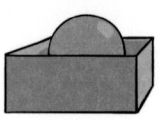

эчендә

ini

алда

fesi

өстендә

abra

өстенә

tapu

астында

ondro

янәшә

na sei

арасында

miɐdri

урын

presi